TRANZLATY
Language is for everyone
A nyelv mindenkié

Aladdin and the Wonderful Lamp

Aladdin és a Csodálatos Lámpa

Antoine Galland

English / Magyar

Copyright © 2025 Tranzlaty
All rights reserved
Published by Tranzlaty
ISBN: 978-1-83566-923-5
Original text by Antoine Galland
From *"Les mille et une nuits"*
First published in French in 1704
Taken from The Blue Fairy Book
Collected and translated by Andrew Lang
www.tranzlaty.com

Once upon a time there lived a poor tailor
Élt egyszer egy szegény szabó
this poor tailor had a son called Aladdin
ennek a szegény szabónak volt egy Aladdin nevű fia
Aladdin was a careless, idle boy who did nothing
Aladdin hanyag, tétlen fiú volt, aki nem csinált semmit
although, he did like to play ball all day long
bár egész nap szeretett labdázni
this he did in the streets with other little idle boys
ezt tette az utcán más tétlen kisfiúkkal
This so grieved the father that he died
Ez annyira megszomorította az apát, hogy meghalt
his mother cried and prayed, but nothing helped
az anyja sírt és imádkozott, de semmi sem segített
despite her pleading, Aladdin did not mend his ways
könyörgése ellenére Aladdin nem javította meg a módját
One day, Aladdin was playing in the streets, as usual
Egy nap Aladdin szokás szerint az utcán játszott
a stranger asked him his age
egy idegen megkérdezte tőle a korát
and he asked him, "are you not the son of Mustapha the tailor?"
és megkérdezte tőle: "Te nem a szabó Mustapha fia vagy?"
"I am the son of Mustapha, sir," replied Aladdin
- Mustapha fia vagyok, uram - válaszolta Aladdin
"but he died a long time ago"
"de régen meghalt"
the stranger was a famous African magician
az idegen híres afrikai bűvész volt
and he fell on his neck and kissed him
ő pedig a nyakába borult és megcsókolta
"I am your uncle," said the magician
– A nagybátyád vagyok – mondta a bűvész
"I knew you from your likeness to my brother"
"A testvéremhez való hasonlóságodból ismertelek meg"
"Go to your mother and tell her I am coming"
"Menj anyádhoz, és mondd meg neki, hogy jövök"

Aladdin ran home and told his mother of his newly found uncle
Aladdin hazaszaladt, és elmesélte az anyjának az újonnan talált nagybátyját
"Indeed, child," she said, "your father had a brother"
– Valóban, gyermekem – mondta –, apádnak volt egy bátyja.
"but I always thought he was dead"
"de mindig azt hittem, hogy meghalt"
However, she prepared supper for the visitor
A látogatónak azonban vacsorát készített
and she bade Aladdin to seek his uncle
és felszólította Aladdint, hogy keresse meg a nagybátyját
Aladdin's uncle came laden with wine and fruit
Aladdin nagybátyja borral és gyümölccsel megrakva jött
He fell down and kissed the place where Mustapha used to sit
Leesett, és megcsókolta azt a helyet, ahol Mustapha ült
and he bid Aladdin's mother not to be surprised
és megparancsolta Aladdin anyjának, hogy ne lepődjön meg
he explained he had been out of the country for forty years
kifejtette, negyven éve volt külföldön
He then turned to Aladdin and asked him his trade
Ezután Aladdinhoz fordult, és megkérdezte tőle a szakmáját
but the boy hung his head in shame
de a fiú szégyenkezve lehajtotta a fejét
and his mother burst into tears
és az anyja sírva fakadt
so Aladdin's uncle offered to provide food
így Aladdin nagybátyja felajánlotta, hogy ad ennivalót
The next day he bought Aladdin a fine set of clothes
Másnap vett Aladdinnak egy szép ruhakészletet
and he took him all over the city
és bevitte az egész városba
he showed him the sights of the city
megmutatta neki a város nevezetességeit
at nightfall he brought him home to his mother
estefelé hazahozta az anyjához

his mother was overjoyed to see her son so well dressed
az anyja rendkívül boldog volt, amikor látta, hogy fia ilyen jól öltözött
The next day the magician led Aladdin into some beautiful gardens
Másnap a bűvész néhány gyönyörű kertbe vezette Aladdint
this was a long way outside the city gates
ez messze volt a város kapuján kívül
They sat down by a fountain
Leültek egy szökőkúthoz
and the magician pulled a cake from his girdle
és a bűvész tortát húzott elő az övéből
he divided the cake between the two of them
felosztotta kettejük között a tortát
Then they journeyed onward till they almost reached the mountains
Aztán tovább utaztak, mígnem elérték a hegyeket
Aladdin was so tired that he begged to go back
Aladdin annyira fáradt volt, hogy könyörgött, menjen vissza
but the magician beguiled him with pleasant stories
de a bűvész kellemes történetekkel csábította el
and he led him on in spite of his laziness
és lustasága ellenére továbbvezette
At last they came to two mountains
Végül két hegyhez értek
the two mountains were divided by a narrow valley
a két hegyet keskeny völgy választotta ketté
"We will go no farther," said the false uncle
– Nem megyünk tovább – mondta a hamis bácsi
"I will show you something wonderful"
"Megmutatok valami csodálatosat"
"gather up sticks, while I kindle a fire"
"gyűjtsetek pálcákat, míg én tüzet gyújtok"
When the fire was lit the magician threw a powder on it
Amikor meggyújtották a tüzet, a bűvész port dobott rá
and he said some magical words
és mondott néhány varázslatos szót

The earth trembled a little and opened in front of them
A föld kicsit megremegett és megnyílt előttük
a square flat stone revealed itself
egy négyzet alakú lapos kő tárult fel
and in the middle of the stone was a brass ring
és a kő közepén egy sárgaréz gyűrű volt
Aladdin tried to run away
Aladdin megpróbált elmenekülni
but the magician caught him
de a bűvész elkapta
and gave him a blow that knocked him down
és olyan ütést mért rá, ami leütötte
"What have I done, uncle?" he said, piteously
– Mit csináltam, bácsi? – mondta szánalmasan
the magician said more kindly, "Fear nothing, but obey me"
a bűvész kedvesebben mondta: "Ne félj, de engedelmeskedj nekem"
"Beneath this stone lies a treasure which is to be yours"
"E kő alatt egy kincs rejlik, amely a tiéd lesz."
"and no one else may touch this treasure"
"és senki más nem érintheti meg ezt a kincset"
"so you must do exactly as I tell you"
"Szóval pontosan azt kell tenned, amit mondok"
At the mention of treasure Aladdin forgot his fears
A kincs említésére Aladdin elfelejtette félelmét
he grasped the ring as he was told
megfogta a gyűrűt, ahogy mondták
and he said the names of his father and grandfather
és kimondta apja és nagyapja nevét
The stone came up quite easily
A kő elég könnyen feljött
and some steps appeared in front of them
és néhány lépés jelent meg előttük
"Go down," said the magician
– Menj le – mondta a bűvész
"at the foot of those steps you will find an open door"
"A lépcsők lábánál nyitott ajtót találsz"

"the door leads into three large halls"
"az ajtó három nagy terembe vezet"
"Tuck up your gown and go through the halls"
"Vedd fel a ruhádat, és menj át a folyosókon"
"make sure not to touch anything"
"Vigyázz, ne érj hozzá semmihez"
"if you touch anything, you will instantly die"
"Ha bármihez hozzáérsz, azonnal meghalsz"
"These halls lead into a garden of fine fruit trees"
"Ezek a csarnokok egy szép gyümölcsfákkal tarkított kertbe vezetnek"
"Walk on until you reach a gap in the terrace"
"Sétálj, amíg el nem érsz egy rést a teraszon"
"there you will see a lighted lamp"
"ott látni fogsz egy világító lámpát"
"Pour out the oil of the lamp"
"Öntsd ki a lámpa olaját"
"and then bring me the lamp"
"és akkor hozd nekem a lámpát"
He drew a ring from his finger and gave it to Aladdin
Gyűrűt húzott az ujjából, és Aladdinnak adta
and he bid him to prosper
és boldogulást hirdetett neki
Aladdin found everything as the magician had said
Aladdin mindent úgy talált, ahogy a bűvész mondta
he gathered some fruit off the trees
összeszedett néhány gyümölcsöt a fákról
and, having got the lamp, he arrived at the mouth of the cave
és miután megkapta a lámpát, megérkezett a barlang szájához
The magician cried out in a great hurry
A bűvész nagy sietve felkiáltott
"Make haste and give me the lamp"
"Siess, és add ide a lámpát"
Aladdin refused to do this until he was out of the cave
Aladdin nem volt hajlandó ezt megtenni, amíg ki nem jött a barlangból
The magician flew into a terrible rage

A bűvész szörnyű dühbe gurult
he threw some more powder on to the fire
még egy kis port dobott a tűzre
and then he cast another magic spell
majd újabb varázslatot vetett ki
and the stone rolled back into its place
és a kő visszagurult a helyére
The magician left Persia for ever
A bűvész örökre elhagyta Perzsiát
this plainly showed that he was no uncle of Aladdin's
ez egyértelműen megmutatta, hogy nem Aladdin nagybátyja
what he really was was a cunning magician
ami valójában volt, az egy ravasz varázsló volt
a magician who had read of a magic lamp
egy bűvész, aki olvasott egy varázslámpáról
a magic lamp which would make him the most powerful man in the world
egy varázslámpa, amely a világ leghatalmasabb emberévé tenné
but he alone knew where to find the magic lamp
de egyedül ő tudta, hol találja a varázslámpát
and he could only receive the magic lamp from the hand of another
és csak más kezéből kaphatta a varázslámpát
He had picked out the foolish Aladdin for this purpose
Erre a célra az ostoba Aladdint választotta ki
he had intended to get the magical lamp and kill him afterwards
az volt a szándéka, hogy megszerezze a mágikus lámpát, és utána megölje
For two days Aladdin remained in the dark
Aladdin két napig a sötétben maradt
he cried and lamented his situation
sírt és siránkozott helyzetén
At last he clasped his hands in prayer
Végül imára kulcsolta a kezét
and in so doing he rubbed the ring

és ezzel megdörzsölte a gyűrűt
the magician had forgotten to take the ring back from him
a bűvész elfelejtette visszavenni tőle a gyűrűt
Immediately an enormous and frightful genie rose out of the earth
Azonnal egy hatalmas és félelmetes dzsinn emelkedett ki a földből
"What would thou have me do?"
– Mit kérnél tőlem?
"I am the Slave of the Ring"
"Én vagyok a gyűrű rabszolgája"
"and I will obey thee in all things"
"És mindenben engedelmeskedni fogok neked"
Aladdin fearlessly replied: "Deliver me from this place!"
Aladdin rettenthetetlenül így válaszolt: – Szabadíts ki erről a helyről!
and the earth opened above him
és a föld megnyílt fölötte
and he found himself outside
és kint találta magát
As soon as his eyes could bear the light he went home
Amint a szeme elviselte a fényt, hazament
but he fainted when he got there
de elájult, amikor odaért
When he came to himself he told his mother what had happened
Amikor magához tért, elmondta anyjának, hogy mi történt
and he showed her the lamp
és megmutatta neki a lámpát
and he showed her the fruits he had gathered in the garden
és megmutatta neki a kertben összeszedett gyümölcsöket
the fruits were, in reality, precious stones
a gyümölcsök valójában drágakövek voltak
He then asked for some food
Aztán kért egy kis kaját
"Alas! child," she said
– Jaj, gyermekem – mondta

"I have no food in the house"
"Nincs kaj a házban"
"but I have spun a little cotton"
"de megfontam egy kis gyapotot"
"and I will go and sell the cotton"
"És elmegyek és eladom a gyapotot"
Aladdin bade her keep her cotton
Aladdin arra kérte, hogy tartsa meg a pamutját
he told her he would sell the magic lamp instead of the cotton
azt mondta neki, hogy a pamut helyett a varázslámpát adja el
As it was very dirty she began to rub the magic lamp
Mivel nagyon piszkos volt, dörzsölni kezdte a varázslámpát
a clean magic lamp might fetch a higher price
egy tiszta varázslámpa magasabb árat kérhet
Instantly a hideous genie appeared
Azonnal megjelent egy szörnyű dzsinn
he asked what she would like to have
megkérdezte, mit szeretne kapni
at the sight of the genie she fainted
a dzsinn láttán elájult
but Aladdin, snatching the magic lamp, said boldly:
de Aladdin, kikapva a varázslámpát, merészen így szólt:
"Fetch me something to eat!"
– Hozz nekem ennivalót!
The genie returned with a silver bowl
A dzsinn egy ezüsttállal tért vissza
he had twelve silver plates containing rich meats
tizenkét ezüsttányérja volt, amelyeken gazdag húsok voltak
and he had two silver cups and two bottles of wine
és volt nála két ezüstpohár és két üveg bor
Aladdin's mother, when she came to herself, said:
Aladdin anyja, amikor magához tért, így szólt:
"Whence comes this splendid feast?"
– Honnan jön ez a pompás lakoma?
"Ask not where this food came from, but eat, mother,"
replied Aladdin

„Ne kérdezd, honnan származik ez az étel, hanem egyél, anyám" – válaszolta Aladdin
So they sat at breakfast till it was dinner-time
Így ültek a reggelinél, amíg el nem jött a vacsoraidő
and Aladdin told his mother about the magic lamp
és Aladdin mesélt anyjának a varázslámpáról
She begged him to sell the magic lamp
Könyörgött neki, hogy adja el a varázslámpát
"let us have nothing to do with devils"
"ne legyen dolgunk az ördögökkel"
but Aladdin had thought it would be wiser to use the magic lamp
de Aladdin úgy gondolta, bölcsebb lenne a varázslámpát használni
"chance hath made us aware of the magic lamp's virtues"
"A véletlen tudatosította bennünk a varázslámpa erényeit"
"we will use the magic lamp, and we will use the ring"
"Használjuk a varázslámpát, és használjuk a gyűrűt"
"I shall always wear the ring on my finger"
"Mindig hordom a gyűrűt az ujjamon"
When they had eaten all the genie had brought, Aladdin sold one of the silver plates
Amikor megették az összes dzsinnt, amit hozott, Aladdin eladta az egyik ezüsttányért
and when he needed money again he sold the next plate
és amikor ismét pénzre volt szüksége, eladta a következő tányért
he did this until no plates were left
ezt addig csinálta, amíg nem maradt tányér
He then made another wish to the genie
Aztán még egy kívánságot intézett a dzsinnhez
and the genie gave him another set of plates
és a dzsinn adott neki egy újabb tányért
and in this way they lived for many years
és így éltek hosszú évekig
One day Aladdin heard an order from the Sultan
Egy napon Aladdin parancsot hallott a szultántól

everyone was to stay at home and close their shutters
mindenkinek otthon kellett maradnia és bezárnia a redőnyöket
the Princess was going to and from her bath
a hercegnő a fürdőjébe ment és onnan jött
Aladdin was seized by a desire to see her face
Aladdint elfogta a vágy, hogy lássa az arcát
although it was very difficult to see her face
bár nagyon nehéz volt látni az arcát
because everywhere she went she wore a veil
mert bárhová ment, fátylat viselt
He hid himself behind the door of the bath
Elbújt a fürdő ajtaja mögé
and he peeped through a chink in the door
és bekukucskált egy réseken keresztül az ajtón
The Princess lifted her veil as she went in to the bath
A hercegnő felemelte a fátylát, miközben bement a fürdőbe
and she looked so beautiful that Aladdin instantly fell in love with her
és olyan gyönyörűen nézett ki, hogy Aladdin azonnal beleszeretett
He went home so changed that his mother was frightened
Olyan megváltozott állapotban ment haza, hogy az anyja megijedt
He told her he loved the Princess so deeply that he could not live without her
Elmondta neki, hogy annyira szereti a hercegnőt, hogy nem tud nélküle élni
and he wanted to ask her in marriage of her father
és meg akarta kérdezni az apja házasságában
His mother, on hearing this, burst out laughing
Az anyja ennek hallatán nevetésben tört ki
but Aladdin finally convinced her to go to the Sultan
de Aladdin végül meggyőzte, hogy menjen a szultánhoz
and she was going to carry his request
és teljesíteni akarta a kérését
She fetched a napkin and laid in it the magic fruits

Elővett egy szalvétát, és belerakta a varázsgyümölcsöket
the magic fruits from the enchanted garden
az elvarázsolt kert varázsgyümölcsei
the fruits sparkled and shone like the most beautiful jewels
a gyümölcsök szikráztak és ragyogtak, mint a legszebb ékszerek
She took the magic fruits with her to please the Sultan
Magával vitte a varázsgyümölcsöket, hogy a szultán kedvére tegyen
and she set out, trusting in the lamp
és a lámpában bízva elindult
The Grand Vizier and the lords of council had just gone into the palace
A nagyvezír és a tanács urai éppen bementek a palotába
and she placed herself in front of the Sultan
és a szultán elé helyezkedett
He, however, took no notice of her
A férfi azonban nem vett róla tudomást
She went every day for a week
Egy hétig minden nap ment
and she stood in the same place
és ugyanazon a helyen állt
When the council broke up on the sixth day the Sultan said to his Vizier:
Amikor a tanács a hatodik napon feloszlott, a szultán így szólt vezíréhez:
"I see a certain woman in the audience-chamber every day"
"Minden nap látok egy nőt a nézőtérben"
"she is always carrying something in a napkin"
"mindig hord valamit szalvétában"
"Call her to come to us, next time"
"Hívd fel, hogy legközelebb hozzánk jöjjön"
"so that I may find out what she wants"
"hogy megtudjam, mit akar"
Next day the Vizier gave her a sign
Másnap a vezír jelt adott neki
she went up to the foot of the throne

felment a trón lábához
and she remained kneeling till the Sultan spoke to her
és addig térdelt, amíg a szultán meg nem szólalt
"Rise, good woman, tell me what you want"
– Kelj fel, jó asszony, mondd, mit akarsz!
She hesitated, so the Sultan sent away all but the Vizier
Habozott, ezért a szultán a vezír kivételével mindenkit elküldött
and he bade her to speak frankly
és megparancsolta neki, hogy beszéljen őszintén
and he promised to forgive her for anything she might say
és megígérte, hogy megbocsát neki bármit, amit mond
She then told him of her son's great love for the Princess
Aztán elmesélte neki fia nagy szerelmét a hercegnő iránt
"I prayed for him to forget her," she said
– Imádkoztam érte, hogy felejtse el – mondta
"but my prayers were in vain"
"de hiábavaló volt az imáim"
"he threatened to do some desperate deed if I refused to go"
"Fenyegetett, hogy valami kétségbeesett tettet fog elkövetni, ha nem hajlandók elmenni"
"and so I ask your Majesty for the hand of the Princess"
"És ezért megkérem Felséged a hercegnő kezét"
"but now I pray you to forgive me"
"de most imádkozom, hogy bocsáss meg nekem"
"and I pray that you forgive my son Aladdin"
"És imádkozom, hogy bocsáss meg Aladdin fiamnak"
The Sultan asked her kindly what she had in the napkin
A szultán kedvesen megkérdezte tőle, mi van a szalvétában
so she unfolded the napkin
így kihajtotta a szalvétát
and she presented the jewels to the Sultan
és ő ajándékozta az ékszereket a szultánnak
He was thunderstruck by the beauty of the jewels
Megdöbbentette az ékszerek szépsége
and he turned to the Vizier and asked, "What sayest thou?"
és a vezírhez fordult, és megkérdezte: – Mit mondasz?

"Ought I not to bestow the Princess on one who values her at such a price?"
– Nem szabad-e megajándékozni a hercegnőt annak, aki ilyen áron értékeli?
The Vizier wanted her for his own son
A vezír a saját fiának akarta őt
so he begged the Sultan to withhold her for three months
ezért könyörgött a szultánnak, hogy tartsa vissza három hónapig
perhaps within the time his son would contrive to make a richer present
talán időn belül a fia rájön, hogy gazdagabb ajándékot készítsen
The Sultan granted the wish of his Vizier
A szultán teljesítette vezíre kívánságát
and he told Aladdin's mother that he consented to the marriage
és elmondta Aladdin anyjának, hogy beleegyezik a házasságba
but she was not allowed appear before him again for three months
de három hónapig nem jelenhetett meg újra előtte
Aladdin waited patiently for nearly three months
Aladdin türelmesen várt közel három hónapig
after two months had elapsed his mother went to go to the market
két hónap elteltével az anyja elment a piacra
she was going into the city to buy oil
a városba ment olajat venni
when she got to the market she found every one rejoicing
amikor kiért a piacra, mindenki örült
so she asked what was going on
ezért megkérdezte, hogy mi történik
"Do you not know?" was the answer
– Hát nem tudod? volt a válasz
"the son of the Grand Vizier is to marry the Sultan's daughter tonight"

"a nagyvezír fia ma este feleségül veszi a szultán lányát"
Breathless, she ran and told Aladdin
Lélegzetelve elszaladt, és elmondta Aladdinnak
at first Aladdin was overwhelmed
eleinte Aladdin le volt borulva
but then he thought of the magic lamp and rubbed it
de aztán a varázslámpára gondolt és megdörzsölte
once again the genie appeared out of the lamp
ismét előbukkant a dzsinn a lámpából
"What is thy will?" asked the genie
– Mi a te akaratod? – kérdezte a dzsinn
"The Sultan, as thou knowest, has broken his promise to me"
"A szultán, amint tudod, megszegte nekem tett ígéretét"
"the Vizier's son is to have the Princess"
"A vezír fia lesz a hercegnő"
"My command is that tonight you bring the bride and bridegroom"
"Az a parancsom, hogy ma este hozd el a menyasszonyt és a vőlegényt"
"Master, I obey," said the genie
– Mester, engedelmeskedem – mondta a dzsinn
Aladdin then went to his chamber
Aladdin ezután a szobájába ment
sure enough, at midnight the genie transported a bed
bizony, éjfélkor a dzsinn ágyat szállított
and the bed contained the Vizier's son and the Princess
az ágyban pedig a vezír fia és a hercegnő volt
"Take this new-married man, genie," he said
– Fogd ezt az új házas férfit, dzsinn – mondta
"put him outside in the cold for the night"
"tedd kint a hidegbe éjszakára"
"then return the couple again at daybreak"
"majd hajnalban vidd vissza a házaspárt"
So the genie took the Vizier's son out of bed
Így hát a dzsinn kivette az ágyból a vezír fiát
and he left Aladdin with the Princess
és otthagyta Aladdint a hercegnővel

"Fear nothing," Aladdin said to her, **"you are my wife"**
"Ne félj semmitől" - mondta neki Aladdin -, te vagy a feleségem.
"you were promised to me by your unjust father"
"Igazságtalan apád ígért meg nekem"
"and no harm shall come to you"
"és nem lesz semmi bajod"
The Princess was too frightened to speak
A hercegnő túlságosan megijedt ahhoz, hogy megszólaljon
and she passed the most miserable night of her life
és túlélte élete legnyomorúságosabb éjszakáját
although Aladdin lay down beside her and slept soundly
bár Aladdin lefeküdt mellé és mélyen aludt
At the appointed hour the genie fetched in the shivering bridegroom
A megbeszélt órában a dzsinn elhozta a reszkető vőlegényt
he laid him in his place
lefektette a helyére
and he transported the bed back to the palace
és visszaszállította az ágyat a palotába
Presently the Sultan came to wish his daughter good-morning
Nemrég jött a szultán, hogy jó reggelt kívánjon a lányának
The unhappy Vizier's son jumped up and hid himself
A boldogtalan vezír fia felugrott és elbújt
and the Princess would not say a word
és a hercegnő egy szót sem szólt
and she was very sorrowful
és nagyon szomorú volt
The Sultan sent her mother to her
A szultán elküldte hozzá az anyját
"Why will you not speak to your father, child?"
– Miért nem beszélsz apáddal, gyermekem?
"What has happened?" she asked
– Mi történt? – kérdezte a nő
The Princess sighed deeply
A hercegnő mélyet sóhajtott

and at last she told her mother what had happened
és végül elmondta az anyjának, hogy mi történt
she told her how the bed had been carried into some strange house
elmesélte neki, hogyan vitték be az ágyat valami furcsa házba
and she told of what had happened in the house
és elmesélte, mi történt a házban
Her mother did not believe her in the least
Anyja a legkevésbé sem hitt neki
and she bade her to consider it an idle dream
és megparancsolta neki, hogy tekintse üres álomnak
The following night exactly the same thing happened
A következő éjszaka pontosan ugyanez történt
and the next morning the princess wouldn't speak either
és másnap reggel a hercegnő sem szólalt meg
on the Princess's refusal to speak, the Sultan threatened to cut off her head
amikor a hercegnő nem hajlandó beszélni, a szultán azzal fenyegetőzött, hogy levágja a fejét
She then confessed all that had happened
Aztán bevallotta mindazt, ami történt
and she bid him to ask the Vizier's son
és megparancsolta neki, hogy kérdezze meg a vezír fiát
The Sultan told the Vizier to ask his son
A szultán azt mondta a vezírnek, hogy kérdezze meg a fiát
and the Vizier's son told the truth
és a vezír fia igazat mondott
he added that he dearly loved the Princess
hozzátette, hogy nagyon szereti a hercegnőt
"but I would rather die than go through another such fearful night"
"de inkább meghalok, mint hogy még egy ilyen félelmetes éjszakán átmenjek"
and he wished to be separated from her, which was granted
és azt kívánta, hogy elszakadjanak tőle, ami megadatott
and then there was an end to the feasting and rejoicing
és akkor vége lett a lakomának és az örvendezésnek

then the three months were over
aztán elmúlt a három hónap
Aladdin sent his mother to remind the Sultan of his promise
Aladdin elküldte anyját, hogy emlékeztesse a szultánt ígéretére
She stood in the same place as before
Ugyanott állt, mint korábban
the Sultan had forgotten Aladdin
a szultán elfelejtette Aladdint
but at once he remembered him again
de egyszerre újra eszébe jutott
and he asked for her to come to him
és megkérte, hogy jöjjön hozzá
On seeing her poverty the Sultan felt less inclined than ever to keep his word
A szultán, látva szegénységét, kevésbé volt hajlandó betartani a szavát, mint valaha
and he asked his Vizier's advice
és tanácsot kért a vezírétől
he counselled him to set a high value on the Princess
azt tanácsolta neki, hogy állítson nagy értéket a hercegnőre
a price so high that no man alive could come afford her
olyan magas áron, hogy egyetlen élő férfi sem engedhetné meg magának
The Sultan then turned to Aladdin's mother, saying:
A szultán ekkor Aladdin anyjához fordult, mondván:
"Good woman, a Sultan must remember his promises"
"Jó asszony, egy szultánnak emlékeznie kell az ígéreteire"
"and I will remember my promise"
"És emlékezni fogok az ígéretemre"
"but your son must first send me forty basins of gold"
"De a fiadnak előbb negyven tál aranyat kell küldenie nekem"
"and the gold basins must be full of jewels"
"és az aranymedencéknek tele kell lenniük ékszerekkel"
"and they must be carried by forty black camels"
"és negyven fekete tevének kell vinniük"
"and in front of each black camel there is to be a white

camel"
"és minden fekete teve előtt legyen egy fehér teve"
"and all the camels are to be splendidly dressed"
"és minden tevének pompásan fel kell öltöznie"
"Tell him that I await his answer"
"Mondd meg neki, hogy várom a válaszát"
The mother of Aladdin bowed low
Aladdin anyja mélyen meghajolt
and then she went home
aztán hazament
although she thought all was lost
bár azt hitte, minden elveszett
She gave Aladdin the message
Átadta Aladdinnak az üzenetet
and she added, "He may wait long enough for your answer!"
és hozzátette: – Lehet, hogy elég sokáig vár a válaszodra!
"Not so long as you think, mother," her son replied
– Nem addig, amíg gondolod, anya – válaszolta a fia
"I would do a great deal more than that for the Princess"
"Ennél sokkal többet tennék a hercegnőért"
and he summoned the genie again
és újra megidézte a dzsinnt
and in a few moments the eighty camels arrived
és néhány pillanat múlva megérkezett a nyolcvan teve
and they took up all space in the small house and garden
és minden helyet elfoglaltak a kis házban és a kertben
Aladdin made the camels set out to the palace
Aladdin elindította a tevéket a palotába
and the camels were followed by his mother
a tevéket pedig az anyja követte
The camels were very richly dressed
A tevék nagyon gazdagon voltak öltözve
and splendid jewels were on the girdles of the camels
és pompás ékszerek voltak a tevék övén
and everyone crowded around to see the camels
és mindenki körülötte tolongott, hogy lássa a tevéket
and they saw the basins of gold the camels carried on their

backs
és látták az arany medencéket, amint a tevék a hátukon hordják
They entered the palace of the Sultan
Bementek a szultán palotájába
and the camels kneeled before him in a semi circle
és a tevék félkörben térdeltek előtte
and Aladdin's mother presented the camels to the Sultan
és Aladdin anyja a tevéket ajándékozta a szultánnak
He hesitated no longer, but said:
Nem habozott tovább, hanem azt mondta:
"Good woman, return to your son"
"Jó asszony, térj vissza a fiadhoz"
"tell him that I wait for him with open arms"
"Mondd meg neki, hogy tárt karokkal várom"
She lost no time in telling Aladdin
Nem veszítette az időt azzal, hogy elmondja Aladdinnak
and she bid him to make haste
és megparancsolta neki, hogy siessen
But Aladdin first called for the genie
De Aladdin először hívta a dzsinnt
"I want a scented bath," he said
– Egy illatos fürdőt szeretnék – mondta
"and I want a horse more beautiful than the Sultan's"
"És szeretnék egy szebb lovat, mint a szultáné"
"and I want twenty servants to attend to me"
"És azt akarom, hogy húsz szolga vigyázzon rám"
"and I also want six beautifully dressed servants to wait on my mother"
"És azt is szeretném, ha hat gyönyörűen öltözött szolgáló várna anyámra"
"and lastly, I want ten thousand pieces of gold in ten purses"
"és végül tízezer aranyat akarok tíz erszényben"
No sooner had he said what he wanted and it was done
Alighogy kimondta, amit akar, és kész
Aladdin mounted his beautiful horse
Aladdin felült gyönyörű lovára

and he passed through the streets
és áthaladt az utcákon
the servants cast gold into the crowd as they went
a szolgák menet közben aranyat szórtak a tömegbe
Those who had played with him in his childhood knew him not
Akik játszottak vele gyermekkorában, nem ismerték
he had grown very handsome
nagyon jóképű lett
When the Sultan saw him he came down from his throne
Amikor a szultán meglátta, leszállt trónjáról
he embraced his new son-in-law with open arms
tárt karokkal ölelte új vejét
and he led him into a hall where a feast was spread
és bevezette egy terembe, ahol lakomát rendeztek
he intended to marry him to the Princess that very day
azon a napon szándékozott feleségül venni a hercegnővel
But Aladdin refused to marry straight away
Aladdin azonban nem volt hajlandó azonnal megházasodni
"first I must build a palace fit for the princess"
"Először is építenem kell egy palotát, ami illik a hercegnőhöz"
and then he took his leave
és aztán kivette a szabadságát
Once home, he said to the genie:
Miután hazajött, így szólt a dzsinnhez:
"Build me a palace of the finest marble"
"Építs nekem egy palotát a legjobb márványból"
"set the palace with jasper, agate, and other precious stones"
"terítsd be a palotát jáspissal, acháttal és más drágakövekkel"
"In the middle of the palace you shall build me a large hall with a dome"
"A palota közepén építs nekem egy nagy csarnokot kupolával"
"the four walls of the hall will be of masses of gold and silver"
"A terem négy fala aranyból és ezüstből lesz"
"and each wall will have six windows"
"és minden falnak hat ablaka lesz"

"and the lattices of the windows will be set with precious jewels"
"és az ablakrácsok értékes ékszerekkel lesznek kirakva"
"but there must be one window that is not decorated"
"de kell lennie egy ablaknak, ami nincs díszítve"
"go see that it gets done!"
– Menj, nézd meg, hogy elkészül!
The palace was finished by the next day
A palota másnapra elkészült
the genie carried him to the new palace
a dzsinn az új palotába vitte
and he showed him how all his orders had been faithfully carried out
és megmutatta neki, hogy minden parancsát hűségesen hajtották végre
even a velvet carpet had been laid from Aladdin's palace to the Sultan's
még bársonyszőnyeget is leterítettek Aladdin palotájától a szultánéig
Aladdin's mother then dressed herself carefully
Aladdin anyja ezután gondosan felöltözött
and she walked to the palace with her servants
és a szolgáival a palotába sétált
and Aladdin followed her on horseback
és Aladdin lóháton követte
The Sultan sent musicians with trumpets and cymbals to meet them
A szultán trombitákkal és cintányérokkal ellátott zenészeket küldött eléjük
so the air resounded with music and cheers
így a levegő zenétől és éljenzéstől zengett
She was taken to the Princess, who saluted her
Elvitték a hercegnőhöz, aki tisztelgett neki
and she treated her with great honour
és nagy becsülettel bánt vele
At night the Princess said good-bye to her father
Éjszaka a hercegnő elbúcsúzott apjától

and she set out on the carpet for Aladdin's palace
és elindult a szőnyegen Aladdin palotájába
his mother was at her side
az anyja mellette volt
and they were followed by their entourage of servants
és szolgákból álló kíséretük követte őket
She was charmed at the sight of Aladdin
Elbűvölte Aladdin láttán
and Aladdin ran to receive her into the palace
és Aladdin rohant fogadni a palotába
"Princess," he said, "blame your beauty for my boldness"
– Hercegnő – mondta –, a szépségedet okold a merészségemért.
"I hope I have not displeased you"
"Remélem, nem okoztam elégedetlenséget"
she said she willingly obeyed her father in this matter
azt mondta, hogy készségesen engedelmeskedett az apjának ebben a kérdésben
because she had seen that he is handsome
mert látta, hogy jóképű
After the wedding had taken place Aladdin led her into the hall
Az esküvő után Aladdin bevezette az előszobába
a great feast was spread out in the hall
nagy lakomát terítettek a teremben
and she supped with him
és vele vacsorázott
after eating they danced till midnight
evés után éjfélig táncoltak
The next day Aladdin invited the Sultan to see the palace
Másnap Aladdin meghívta a szultánt, hogy nézze meg a palotát
they entered the hall with the four-and-twenty windows
bementek a négyes-húsz ablakos előszobába
the windows were decorated with rubies, diamonds, and emeralds
az ablakokat rubinokkal, gyémántokkal és smaragdokkal

díszítették
he cried, "The palace is one of the wonders of the world!"
felkiáltott: – A palota a világ egyik csodája!
"There is only one thing that surprises me"
"Csak egy dolog lep meg"
"Was it by accident that one window was left unfinished?"
– Véletlenül maradt az egyik ablak befejezetlenül?
"No, sir, it was done so by design," replied Aladdin
– Nem, uram, ezt tervezték – válaszolta Aladdin
"I wished your Majesty to have the glory of finishing this palace"
– Azt kívántam, hogy Felségednek dicsőségben legyen, hogy befejezheti ezt a palotát.
The Sultan was pleased to be given this honour
A szultán örömmel fogadta ezt a kitüntetést
and he sent for the best jewellers in the city
és elküldte a város legjobb ékszerészeit
He showed them the unfinished window
Megmutatta nekik a befejezetlen ablakot
and he bade them to decorate the window like the others
és megparancsolta nekik, hogy a többiekhez hasonlóan díszítsék fel az ablakot
"Sir," replied their spokesman
– Uram – válaszolta a szóvivőjük
"we cannot find enough jewels"
"nem találunk elég ékszert"
so the Sultan had his own jewels fetched
így a szultán elhoztatta a saját ékszereit
but those jewels were soon used up too
de azok az ékszerek is hamar elhasználódtak
even after a month's time the work was not half done
még egy hónap múlva sem volt félkész a munka
Aladdin knew that their task was impossible
Aladdin tudta, hogy a feladatuk lehetetlen
he bade them to undo their work
felszólította őket, hogy vonják vissza a munkájukat
and he bade them to carry the jewels back

és megparancsolta nekik, hogy vigyék vissza az ékszereket
the genie finished the window at his command
a dzsinn a parancsára befejezte az ablakot
The Sultan was surprised to receive his jewels again
A szultán meglepődött, amikor ismét megkapta az ékszereit
he visited Aladdin, who showed him the finished window
felkereste Aladdint, aki megmutatta neki a kész ablakot
and the Sultan embraced his son in law
és a szultán megölelte vejét
meanwhile, the envious Vizier suspected the work of enchantment
eközben az irigy vezír a varázslat művét gyanította
Aladdin had won the hearts of the people by his gentle manner
Aladdin gyengéd modorával megnyerte az emberek szívét
He was made captain of the Sultan's armies
A szultán seregeinek kapitányává nevezték ki
and he won several battles for his army
és több csatát megnyert seregének
but he remained as modest and courteous as before
de ugyanolyan szerény és udvarias maradt, mint korábban
in this way he lived in peace and content for several years
így több évig békében és elégedetten élt
But far away in Africa the magician remembered Aladdin
De messze Afrikában a bűvész emlékezett Aladdinra
and by his magic arts he discovered Aladdin hadn't perished in the cave
és varázsművészetével felfedezte, hogy Aladdin nem pusztult el a barlangban
but instead of perishing, he had escaped and married the princess
de ahelyett, hogy elpusztult volna, megszökött és feleségül vette a hercegnőt
and now he was living in great honour and wealth
és most nagy becsületben és gazdagságban élt
He knew that the poor tailor's son could only have accomplished this by means of the magic lamp

Tudta, hogy ezt a szegény szabó fia csak a varázslámpa segítségével tudta elérni
and he travelled night and day until he reached the city
és éjjel-nappal utazott, míg el nem érte a várost
he was bent on making sure of Aladdin's ruin
arra törekedett, hogy megbizonyosodjon Aladdin tönkremeneteléről
As he passed through the town he heard people talking
Ahogy áthaladt a városon, hallotta, hogy emberek beszélgetnek
all they could talk about was the marvellous palace
csak a csodálatos palotáról tudtak beszélni
"Forgive my ignorance," he asked
– Bocsásd meg a tudatlanságomat – kérte
"what is this palace you speak of?"
– Mi ez a palota, amiről beszélsz?
"Have you not heard of Prince Aladdin's palace?" was the reply
– Nem hallott Aladdin herceg palotájáról? volt a válasz
"the palace is one of the greatest wonders of the world"
"a palota a világ egyik legnagyobb csodája"
"I will direct you to the palace, if you would like to see it"
"A palotába irányítalak, ha szeretnéd látni"
The magician thanked him for bringing him to the palace
A bűvész megköszönte, hogy elhozta a palotába
and having seen the palace, he knew that it had been built by the Genie of the Lamp
és miután meglátta a palotát, tudta, hogy a lámpa dzsinnje építette
this made him half mad with rage
ettől félig megőrült a dühtől
He was determined to get hold of the magic lamp
Elhatározta, hogy megfogja a varázslámpát
and he was going to plunge Aladdin into the deepest poverty again
és ismét a legmélyebb szegénységbe akarta sodorni Aladdint
Unluckily, Aladdin had gone on a hunting trip for eight

days
Szerencsére Aladdin nyolc napra vadászni kezdett
this gave the magician plenty of time
ez rengeteg időt adott a bűvésznek
He bought a dozen copper lamps
Vett egy tucat rézlámpát
and he put the copper lamps into a basket
és a rézlámpákat egy kosárba tette
and then he went to the palace
majd a palotába ment
"New lamps for old lamps!" he exclaimed
"Új lámpák a régi lámpákhoz!" – kiáltott fel
and he was followed by a jeering crowd
és gúnyolódó tömeg követte
The Princess was sitting in the hall of four-and-twenty windows
A hercegnő a négy-húsz ablakos hallban ült
she sent a servant to find out what the noise was about
elküldött egy szolgálót, hogy derítse ki, mi a zaj
the servant came back laughing so much that the Princess scolded her
a szolgáló annyira nevetve jött vissza, hogy a hercegnő megszidta
"Madam," replied the servant
– Asszonyom – válaszolta a szolgáló
"who can help but laughing when you see such a thing?"
"Ki nem nevetne, ha ilyet lát?"
"an old fool is offering to exchange fine new lamps for old lamps"
"Egy vén bolond felajánlja, hogy szép új lámpákat régi lámpákra cserél"
Another servant, hearing this, spoke up
Egy másik szolga ezt hallva megszólalt
"There is an old lamp on the cornice which he can have"
"Van egy régi lámpa a párkányon, amit megkaphat"
this, of course, was the magic lamp
természetesen ez volt a varázslámpa

Aladdin had left the magic lamp there, as he could not take it with him
Aladdin ott hagyta a varázslámpát, mivel nem vihette magával
The Princess didn't know know the lamp's value
A hercegnő nem tudta a lámpa értékét
laughingly, she bade the servant to exchange the magic lamp
nevetve felszólította a szolgálót, hogy cserélje ki a varázslámpát
the servant took the lamp to the magician
a szolga elvitte a lámpát a varázslóhoz
"Give me a new lamp for this lamp," she said
– Adj egy új lámpát ehhez a lámpához – mondta
He snatched the lamp and bade the servant to pick another lamp
Elkapta a lámpát, és megparancsolta a szolgának, hogy válasszon másik lámpát
and the entire crowd jeered at the sight
és az egész tömeg kigúnyolta a látványt
but the magician cared little for the crowd
de a bűvész keveset törődött a tömeggel
he left the crowd with the magic lamp he had set out to get
otthagyta a tömeget a varázslámpával, amiért elindult
and he went out of the city gates to a lonely place
és kiment a város kapuján egy magányos helyre
there he remained till nightfall
ott maradt estig
and at nightfall he pulled out the magic lamp and rubbed it
éjfélkor pedig előhúzta a varázslámpát és megdörzsölte
The genie appeared to the magician
A dzsinn megjelent a bűvésznek
and the magician made his command to the genie
és a bűvész kiadta a parancsot a dzsinnnek
"carry me, the princess, and the palace to a lonely place in Africa"
"Vigyél el engem, a hercegnőt és a palotát Afrika egy magányos helyére"

Next morning the Sultan looked out of the window toward Aladdin's palace
Másnap reggel a szultán kinézett az ablakon Aladdin palotája felé
and he rubbed his eyes when he saw the palace was gone
és megdörzsölte a szemét, amikor látta, hogy a palota eltűnt
He sent for the Vizier and asked what had become of the palace
Elküldte a vezírt, és megkérdezte, mi lett a palotával
The Vizier looked out too, and was lost in astonishment
A vezír is kinézett, és elmerült a döbbenetben
He again put the events down to enchantment
Az eseményeket ismét a varázslatra helyezte
and this time the Sultan believed him
és ezúttal a szultán hitt neki
he sent thirty men on horseback to fetch Aladdin in chains
harminc embert küldött lóháton, hogy elhozzák Aladdint láncra verve
They met him riding home
Hazafelé lovagolva találkoztak vele
they bound him and forced him to go with them on foot
megkötözték és arra kényszerítették, hogy gyalog menjen velük
The people, however, who loved him, followed them to the palace
Az emberek azonban, akik szerették őt, követték őket a palotába
they would make sure that he came to no harm
gondoskodnak róla, hogy ne legyen baja
He was carried before the Sultan
A szultán elé vitték
and the Sultan ordered the executioner to cut off his head
és a szultán megparancsolta a hóhérnak, hogy vágja le a fejét
The executioner made Aladdin kneel down before a block of wood
A hóhér letérdelte Aladdint egy fatömb előtt
he bandaged his eyes so that he could not see

bekötötte a szemét, hogy ne lásson
and he raised his scimitar to strike
és ütésre emelte a szablyáját
At that instant the Vizier saw the crowd had forced their way into the courtyard
Abban a pillanatban a vezír látta, hogy a tömeg benyomult az udvarra
they were scaling the walls to rescue Aladdin
falakat vágtak, hogy megmentsék Aladdint
so he called to the executioner to halt
ezért felszólította a hóhért, hogy álljon meg
The people, indeed, looked so threatening that the Sultan gave way
Az emberek valóban olyan fenyegetőnek tűntek, hogy a szultán engedett
and he ordered Aladdin to be unbound
és megparancsolta Aladdinnak, hogy kössenek le
he pardoned him in the sight of the crowd
megkegyelmezett neki a tömeg szeme láttára
Aladdin now begged to know what he had done
Aladdin most könyörgött, hogy tudja, mit tett
"False wretch!" said the Sultan, "come thither"
– Hamis nyomorult! - mondta a szultán - "gyere oda"
he showed him from the window the place where his palace had stood
megmutatta neki az ablakból azt a helyet, ahol a palotája állt
Aladdin was so amazed that he could not say a word
Aladdin annyira elképedt, hogy egy szót sem tudott szólni
"Where are my palace and my daughter?" demanded the Sultan
– Hol van a palotám és a lányom? – követelte a szultán
"For the palace I am not so deeply concerned"
"A palota miatt nem aggódom annyira"
"but my daughter I must have"
"de a lányom nekem kell"
"and you must find her, or lose your head"
"és meg kell találnod őt, különben elveszíted a fejed"

Aladdin begged to be granted forty days in which to find her
Aladdin negyven napot kért, hogy megtalálja
he promised that if he failed he would return
megígérte, hogy ha nem sikerül, vissza fog térni
and on his return he would suffer death at the Sultan's pleasure
és hazatérve a szultán örömére halált fog szenvedni
His prayer was granted by the Sultan
Imádságát a szultán teljesítette
and he went forth sadly from the Sultan's presence
és szomorúan távozott a szultán elől
For three days he wandered about like a madman
Három napig bolyongott, mint egy őrült
he asked everyone what had become of his palace
mindenkit megkérdezett, mi lett a palotájával
but they only laughed and pitied him
de csak nevettek és sajnálták
He came to the banks of a river
Egy folyó partjához ért
he knelt down to say his prayers before throwing himself in
letérdelt, hogy elmondja imáját, mielőtt belevetette magát
In so doing he rubbed the magic ring he still wore
Ezzel megdörzsölte a még mindig viselt varázsgyűrűt
The genie he had seen in the cave appeared
Megjelent a dzsinn, akit a barlangban látott
and he asked him what his will was
és megkérdezte tőle, mi a végrendelete
"Save my life, genie," said Aladdin
– Mentsd meg az életemet, dzsinn – mondta Aladdin
"bring my palace back"
"hozd vissza a palotám"
"That is not in my power," said the genie
– Ez nem az én hatáskörömben – mondta a dzsinn
"I am only the Slave of the Ring"
"Én csak a gyűrű rabszolgája vagyok"
"you must ask him for the magic lamp"

"Kérned kell tőle a varázslámpát"
"that might be true," said Aladdin
– Ez igaz lehet – mondta Aladdin
"but thou canst take me to the palace"
"de elvihetsz a palotába"
"set me down under my dear wife's window"
"Tegyél le drága feleségem ablaka alá"
He at once found himself in Africa
Egyszerre Afrikában találta magát
he was under the window of the Princess
a hercegnő ablaka alatt volt
and he fell asleep out of sheer weariness
és a puszta fáradtságtól elaludt
He was awakened by the singing of the birds
A madarak énekére ébredt
and his heart was lighter than it was before
és a szíve könnyebb volt, mint korábban
He saw that all his misfortunes were due to the loss of the magic lamp
Látta, hogy minden szerencsétlensége a varázslámpa elvesztésének köszönhető
and he vainly wondered who had robbed him of his magic lamp
és hiába töprengett, ki rabolta el tőle a varázslámpáját
That morning the Princess rose earlier than she normally
Azon a reggelen a hercegnő korábban kelt fel, mint máskor
once a day she was forced to endure the magicians company
naponta egyszer kénytelen volt elviselni a varázslók társaságát
She, however, treated him very harshly
A lány azonban nagyon keményen bánt vele
so he dared not live with her in the palace
így nem mert vele élni a palotában
As she was dressing, one of her women looked out and saw Aladdin
Öltözködés közben az egyik nő kinézett, és meglátta Aladdint
The Princess ran and opened the window
A hercegnő elrohant, és kinyitotta az ablakot

at the noise she made Aladdin looked up
a zajra, amit kiváltott, Aladdin felnézett
She called to him to come to her
Felhívta, hogy jöjjön hozzá
it was a great joy for the lovers to see each other again
nagy öröm volt a szerelmesek viszontlátása
After he had kissed her Aladdin said:
Miután megcsókolta, Aladdin így szólt:
"I beg of you, Princess, in God's name"
– Könyörgöm, hercegnő, az Isten nevében!
"before we speak of anything else"
"mielőtt bármi másról beszélnénk"
"for your own sake and mine"
"a saját és az enyém érdekében"
"tell me what has become of the old lamp"
"Mondd el, mi lett a régi lámpából"
"I left the lamp on the cornice in the hall of four-and-twenty windows"
"A lámpát a párkányon hagytam a huszonnégy ablakos hallban"
"Alas!" she said, "I am the innocent cause of our sorrows"
"Jaj!" azt mondta: "Én vagyok a szomorúságunk ártatlan oka"
and she told him of the exchange of the magic lamp
és elmondta neki a varázslámpa cseréjét
"Now I know," cried Aladdin
– Most már tudom – kiáltotta Aladdin
"we have to thank the magician for this!"
– Ezt meg kell köszönnünk a bűvésznek!
"Where is the magic lamp?"
– Hol van a varázslámpa?
"He carries the lamp about with him," said the Princess
– Magával hordja a lámpát – mondta a hercegnő
"I know he carries the lamp with him"
– Tudom, hogy magánál hordja a lámpát.
"because he pulled the lamp out of his breast pocket to show me"
"mert előhúzta a lámpát a mellzsebéből, hogy megmutassa"

"and he wishes me to break my faith with you and marry him"
"És azt akarja, hogy megtörjem veled a hitemet és feleségül vegyem"
"and he said you were beheaded by my father's command"
"És azt mondta, hogy apám parancsára lefejezték"
"He is always speaking ill of you"
"Mindig rosszat beszél rólad"
"but I only reply with my tears"
"de én csak a könnyeimmel válaszolok"
"If I can persist, I doubt not"
"Ha kitarthatok, kétlem, hogy nem"
"but he will use violence"
"de erőszakot fog alkalmazni"
Aladdin comforted his wife
Aladdin vigasztalta a feleségét
and he left her for a while
és egy időre otthagyta
He changed clothes with the first person he met in town
Átöltözött azzal, akivel először találkozott a városban
and having bought a certain powder, he returned to the Princess
és miután vett egy bizonyos port, visszatért a hercegnőhöz
the Princess let him in by a little side door
a hercegnő beengedte egy kis oldalajtón
"Put on your most beautiful dress," he said to her
– Vedd fel a legszebb ruhádat – mondta neki
"receive the magician with smiles today"
"Ma fogadd mosolyogva a bűvészt"
"lead him to believe that you have forgotten me"
"elhiteted vele, hogy elfelejtettél engem"
"Invite him to sup with you"
"Hívd meg vacsorázni veled"
"and tell him you wish to taste the wine of his country"
"és mondd meg neki, hogy meg szeretnéd kóstolni hazája borát"
"He will be gone for some time"

"El fog menni egy ideig"
"while he is gone I will tell you what to do"
"Amíg elmegy, megmondom mit csinálj"
She listened carefully to Aladdin
Gondosan hallgatta Aladdint
and when he left she arrayed herself beautifully
és amikor elment, szépen felöltözött
she hadn't dressed like this since she had left her city
nem öltözött így, mióta elhagyta városát
She put on a girdle and head-dress of diamonds
Gyémántból készült övet és fejfedőt vett fel
she was more beautiful than ever
szebb volt, mint valaha
and she received the magician with a smile
és mosolyogva fogadta a bűvészt
"I have made up my mind that Aladdin is dead"
– Elhatároztam, hogy Aladdin meghalt.
"my tears will not bring him back to me"
"A könnyeim nem viszik vissza hozzám"
"so I am resolved to mourn no more"
"Szóval elhatároztam, hogy nem gyászolok tovább"
"therefore I invite you to sup with me"
"ezért meghívlak, hogy vacsorázz velem"
"but I am tired of the wines we have"
"de elegem van a borainkból"
"I would like to taste the wines of Africa"
"Szeretném megkóstolni Afrika borait"
The magician ran to his cellar
A bűvész a pincéjébe szaladt
and the Princess put the powder Aladdin had given her in her cup
és a hercegnő a poharába tette az Aladdin által adott port
When he returned she asked him to drink to her health
Amikor visszatért, megkérte, hogy igyon az egészségére
and she handed him her cup in exchange for his
és átnyújtotta neki a poharát az övéért cserébe
this was done as a sign to show she was reconciled to him

ezt azért tették, hogy megmutassa, kibékült vele
Before drinking the magician made her a speech
Mielőtt ivott, a bűvész beszédet mondott neki
he wanted to praise her beauty
meg akarta dicsérni a szépségét
but the Princess cut him short
de a hercegnő félbeszakította
"Let us drink first"
"Először igyunk"
"and you shall say what you will afterwards"
"és utána azt mondod, amit akarsz"
She set her cup to her lips and kept it there
Az ajkához tette a csészét, és ott tartotta
the magician drained his cup to the dregs
a bűvész az üledékig eresztette a csészéjét
and upon finishing his drink he fell back lifeless
és miután befejezte az italt, élettelenül visszazuhant
The Princess then opened the door to Aladdin
A hercegnő ekkor ajtót nyitott Aladdinnak
and she flung her arms round his neck
és a karját a nyaka köré fonta
but Aladdin asked her to leave him
de Aladdin megkérte, hogy hagyja el
there was still more to be done
volt még tennivaló
He then went to the dead magician
Ezután a halott bűvészhez ment
and he took the lamp out of his vest
és kivette a lámpát a mellényéből
he bade the genie to carry the palace back
megparancsolta a dzsinnek, hogy vigye vissza a palotát
the Princess in her chamber only felt two little shocks
a hercegnő a kamrájában csak két apró megrázkódtatást érzett
in little time she was at home again
kis idő múlva ismét otthon volt
The Sultan was sitting on his balcony
A szultán az erkélyén ült

he was mourning for his lost daughter
gyászolta elveszett lányát
he looked up and had to rub his eyes again
felnézett, és újra meg kellett dörzsölnie a szemét
the palace stood there as it had before
a palota úgy állt ott, mint azelőtt
He hastened over to the palace to see his daughter
Átsietett a palotába, hogy meglátogassa a lányát
Aladdin received him in the hall of the palace
Aladdin a palota csarnokában fogadta
and the princess was at his side
és a hercegnő mellette volt
Aladdin told him what had happened
Aladdin elmondta neki, mi történt
and he showed him the dead body of the magician
és megmutatta neki a bűvész holttestét
so that the Sultan would believe him
hogy a szultán higgyen neki
A ten days' feast was proclaimed
Tíznapos ünnepet hirdettek
and it seemed as if Aladdin might now live the rest of his life in peace
és úgy tűnt, Aladdin most nyugodtan leélheti hátralévő életét
but his life was not to be as peaceful as he had hoped
de élete nem volt olyan békés, mint remélte
The African magician had a younger brother
Az afrikai bűvésznek volt egy öccse
he was maybe even more wicked and cunning than his brother
talán még a bátyjánál is gonoszabb és ravaszabb volt
He travelled to Aladdin to avenge his brother's death
Aladdinba utazott, hogy megbosszulja bátyja halálát
he went to visit a pious woman called Fatima
elment meglátogatni egy Fatima nevű jámbor asszonyt
he thought she might be of use to him
úgy gondolta, hogy hasznára lehet
He entered her cell and put a dagger to her breast

Belépett a cellájába, és tőrt tett a melléhez
then he told her to rise and do his bidding
aztán azt mondta neki, hogy keljen fel és tegye meg a parancsát
and if she didn't he said he would kill her
és ha nem, azt mondta, hogy megöli
He changed his clothes with her
Átöltözött vele
and he coloured his face like hers
és úgy színezte az arcát, mint az övét
he put on her veil so that he looked just like her
úgy öltötte magára a fátylát, hogy úgy nézzen ki, mint ő
and finally he murdered her despite her compliance
és végül meggyilkolta annak ellenére, hogy engedelmeskedett
so that she could tell no tales
hogy ne tudjon mesélni
Then he went towards the palace of Aladdin
Aztán elindult Aladdin palotája felé
all the people thought he was the holy woman
az egész nép azt hitte, hogy ő a szent asszony
they gathered round him to kiss his hands
köré gyűltek, hogy kezet csókoljanak
and they begged for his blessing
és könyörögtek az áldásáért
When he got to the palace there was a great commotion around him
Amikor a palotába ért, nagy zűrzavar támadt körülötte
the princess wanted to know what all the noise was about
a hercegnő tudni akarta, miről szól ez a sok zaj
so she bade her servant to look out of the window
ezért megparancsolta a szolgálójának, hogy nézzen ki az ablakon
and her servant asked what the noise was all about
és a szolgálója megkérdezte, mi ez a zaj
she found out it was the holy woman causing the commotion
rájött, hogy a szent asszony okozta a felfordulást
she was curing people of their ailments by touching them

megérintésével gyógyította meg az embereket a betegségeikből

the Princess had long desired to see Fatima
a hercegnő régóta szerette volna látni Fatimát
so she got her servant to ask her into the palace
ezért rávette a szolgálóját, hogy hívja be a palotába
and the false Fatima accepted the offer into the palace
és a hamis Fatima elfogadta az ajánlatot a palotába
the magician offered up a prayer for her health and prosperity
a bűvész imát mondott egészségéért és jólétéért
the Princess made him sit by her
a hercegnő maga mellé ültette
and she begged him to stay with her
és könyörgött neki, hogy maradjon vele
The false Fatima wished for nothing better
A hamis Fatima semmi jobbat nem kívánt
and she consented to the princess' wish
és beleegyezett a hercegnő kívánságába
but he kept his veil down
de lefelé tartotta a fátylat
because he knew that he would be discovered otherwise
mert tudta, hogy különben felfedezik
The Princess showed him the hall
A hercegnő megmutatta neki az előszobát
and she asked him what he thought of the hall
és megkérdezte, mit gondol a hallról
"It is a truly beautiful hall," said the false Fatima
"Ez egy igazán gyönyörű terem" - mondta a hamis Fatima
"but in my mind your palace still wants one thing"
"de szerintem a palotád egy dolgot még mindig akar"
"And what is it that my palace is missing?" asked the Princess
– És mi hiányzik a palotámból? – kérdezte a hercegnő
"If only a Roc's egg were hung up from the middle of this dome"
"Ha egy Roc tojását akasztanák fel ennek a kupolanak a

közepéről"
"then your palace would be the wonder of the world," he said
– Akkor a palotája a világ csodája lenne – mondta
After this the Princess could think of nothing but the Roc's egg
Ezek után a hercegnő nem tudott másra gondolni, mint a Roc tojására
when Aladdin returned from hunting he found her in a very ill humour
amikor Aladdin visszatért a vadászatról, nagyon rosszkedvűnek találta
He begged to know what was amiss
Könyörgött, hogy tudja, mi a baj
and she told him what had spoiled her pleasure
és elmondta neki, mi rontotta el az örömét
"I'm made miserable for the want of a Roc's egg"
"Nyomorult meg, mert nincs szükségem egy Roc tojásra"
"If that is all you want you shall soon be happy," replied Aladdin
– Ha csak ezt akarod, hamarosan boldog leszel – válaszolta Aladdin
he left her and rubbed the lamp
otthagyta és megdörzsölte a lámpát
when the genie appeared he commanded him to bring a Roc's egg
Amikor a dzsinn megjelent, megparancsolta neki, hogy hozzon egy Roc tojást
The genie gave such a loud and terrible shriek that the hall shook
A dzsinn olyan hangos és rettenetes sikoltozást hallatott, hogy a terem megremegett
"Wretch!" he cried, "is it not enough that I have done everything for you?"
– Nyomorult! – kiáltott fel – nem elég, hogy mindent megtettem érted?
"but now you command me to bring my master"

"De most megparancsolod, hogy hozzam el a gazdámat"
"and you want me to hang him up in the midst of this dome"
"És azt akarod, hogy akasszam fel ennek a kupolanak a közepén"
"You and your wife and your palace deserve to be burnt to ashes"
"Te, a feleséged és a palotád megérdemled, hogy hamuvá égessenek"
"but this request does not come from you"
"de ez a kérés nem tőled származik"
"the demand comes from the brother of the magician"
"az igény a bűvész testvérétől származik"
"the magician whom you have destroyed"
"a varázsló, akit elpusztítottál"
"He is now in your palace disguised as the holy woman"
"Most a palotádban van szent asszonynak álcázva"
"the real holy woman he has already murdered"
"az igazi szent nő, akit már meggyilkolt"
"it was him who put that wish into your wife's head"
"Ő volt az, aki ezt a kívánságot a felesége fejébe adta"
"Take care of yourself, for he means to kill you"
"Vigyázz magadra, mert meg akar ölni"
upon saying this, the genie disappeared
amikor ezt kimondta, a dzsinn eltűnt
Aladdin went back to the Princess
Aladdin visszament a hercegnőhöz
he told her that his head ached
azt mondta neki, hogy fáj a feje
so she requested the holy Fatima to be fetched
ezért kérte a szent Fatimát, hogy hozzák el
she could lay her hands on his head
a fejére tehette a kezét
and his headache would be cured by her powers
és a fejfájását meggyógyítaná az ereje
when the magician came near Aladdin seized his dagger
amikor a bűvész a közelébe ért Aladdin megragadta a tőrét
and he pierced him in the heart

és szíven szúrta
"What have you done?" cried the Princess
"Mit tettél?" - kiáltott fel a hercegnő
"You have killed the holy woman!"
– Megölted a szent asszonyt!
"It is not so," replied Aladdin
– Nem így van – válaszolta Aladdin
"I have killed a wicked magician"
"Megöltem egy gonosz varázslót"
and he told her of how she had been deceived
és elmondta neki, hogyan csalták meg
After this Aladdin and his wife lived in peace
Ezt követően Aladdin és felesége békében éltek
He succeeded the Sultan when he died
Ő követte a szultánt, amikor meghalt
he reigned over the kingdom for many years
hosszú évekig uralkodott a királyságon
and he left behind him a long lineage of kings
és a királyok hosszú sorát hagyta maga mögött

The End
A Vég